AF384295

Étienne **FALCK**

AVOCAT A LA COUR D'APPEL DE PARIS

L'ÉVASION FISCALE

PARIS

BUREAUX DE LA *REVUE POLITIQUE ET PARLEMENTAIRE*

36, RUE VANEAU

1912

L'ÉVASION FISCALE

L'ÉVASION FISCALE

« L'impôt ne doit jamais mettre en fuite la matière qu'il frappe. Il doit être d'autant plus modéré que cette richesse est d'une nature plus fugitive. » Cette sage parole de Sismondi ne saurait être trop souvent rappelée à certains gouvernements modernes qui ont introduit, ces dernières années, dans leur législation fiscale, la progressivité de l'impôt, et qui, actuellement, en abusent pour surcharger une catégorie de contribuables. L'impôt procure à la nation les ressources qui lui sont nécessaires pour le bon fonctionnement des divers services publics, il ne doit jamais aboutir à la confiscation d'un patrimoine, à la spoliation d'une classe sociale; son rôle n'est pas de « soutirer la propriété à larges doses », mais, calculé et établi de façon à ménager la richesse nationale et tout en rapportant à l'Etat, il ne doit pas être une entrave à l'augmentation de la prospérité publique. L'impôt trop lourd amène fatalement avec lui la fraude ; le peuple le plus respectueux et le plus soumis aux lois cherche à éviter ce qu'il croit injuste ; son intérêt personnel le porte à défendre ce qu'il a laborieusement acquis; et tôt ou tard, avec des tarifs abusifs se vérifie, dans le rendement de l'impôt, l'observation de sir Robert Peel « imposer plus, c'est recevoir moins ». Le contribuable, du reste, a une parfaite conscience de ses obligations ; il sait qu'il doit sa quote-part dans les dépenses d'Etat, aussi l'impôt qu'il consent librement est-il toujours d'un rapport sûr et constant.

L'intérêt du fisc semblerait lui dicter qu'il doit conserver une forme d'imposition depuis longtemps en usage dans un pays, l'améliorer certainement, toute chose humaine étant imparfaite, mais en respectant son cadre et ses formes essentielles. Il devrait éviter de troubler par des menaces de bouleversements fiscaux, et par une progressivité abusive de l'impôt, la quiétude du contribuable, qui ne demande qu'à travailler en paix et économiser pour lui et ses enfants. Les lois de finances que nous supportons en France depuis 1901, et qui, chaque année, deviennent de plus en plus rigoureuses, ne sont certes pas faites pour calmer ses appréhensions. L'enseignement officiel dans les facultés de l'Etat lui apprend « qu'il faut s'attendre à ce que les besoins grandissants de la communauté et le sentiment de jour en jour plus précis des obligations de l'individu à son égard, suggèrent au législateur un remaniement du régime des successions conçu dans un esprit de solidarité sociale » (1). Incertain de ce que lui réserve l'avenir, déjà justement effrayé par les abus récents de la fiscalité, le contribuable cherche à éviter des taxes existantes trop lourdes, et ne pouvant lutter ouvertement contre plus fort que lui, il emploie la ruse ; son ingéniosité se développe avec les exigences de l'administration. Qui aura le dernier mot ; le fisc insatiable ou le contribuable ? Ne peut-on craindre que la prospérité de la nation ne se ressente tôt ou tard de cet antagonisme ?

C'est seulement depuis ces dernières années que la résistance aux lois fiscales s'est fait sentir chez nous. Notre budget s'enfle de jour en jour démesurément ; à chaque nouvelle dépense, il faut naturellement voter des crédits nouveaux; le Parlement impose toujours à la nation un nouvel effort et augmente constamment ses charges, sans se demander si la richesse publique ne sera pas atteinte par cet abus de la fiscalité : « L'impôt une fois mis en France ne se retranche jamais », et, de fait, le législateur ne cherche pas à compenser une nouvelle dépense nécessaire par une économie correspondante, laquelle pourrait parfaitement être réalisée par un emploi plus judicieux des deniers publics ; mais, créant de nouvelles charges, il ne comprend pas qu'il y ait d'autres moyens d'y faire face qu'en créant de nouveaux impôts. Fatalement il arrive un moment où ce budget devient trop lourd pour une nation et ne correspond plus à sa richesse acquise. En France, les dernières statistiques établies en vue de l'impôt sur le revenu ont révélé un revenu total du capital et du travail

____

(1) L'augmentation des droits de succession, M. Lescœur. *Le Correspondant*, 1909, p. 67.

de près de 25 milliards. Le budget des dépenses pour 1913, lequel contient naturellement les sommes afférentes aux exploitations industrielles de l'Etat, est de 4 milliards 664 millions, sans compter les crédits supplémentaires qui seront votés au cours de l'année et qui augmentent un budget dans de notables proportions. Le budget général de l'exercice de 1913 se monte donc, proportionnellement, à près du cinquième des revenus totaux des contribuables ; peut-on demander autant à une nation sans épuiser ses forces, sans l'anémier? La sagesse ne semblerait-elle pas indiquer qu'il est temps de ménager un pays aussi lourdement imposé, et que la politique fiscale doit d'abord être prudente et réfléchie, puis éviter les augmentations de charges et les perturbations dans le recouvrement de l'impôt ?

*
* *

Pour faire face à ces exigences budgétaires croissantes, le législateur a surtout mis à contribution l'impôt successoral qui, aujourd'hui, atteint des tarifs vraiment excessifs. Gladstone disait plaisamment à la Chambre des Communes qu'on paie l'impôt successoral avec facilité, même avec plaisir et avec d'autant plus de plaisir que le montant en est plus élevé, puisqu'il est calculé d'après l'enrichissement du contribuable. On le paie volontiers, c'est certain, quand il est modéré et qu'il n'est pas une menace d'expropriation partielle pour les héritiers. Mais depuis la loi du 25 février 1901, qui a modifié les droits successoraux et a même introduit dans nos lois un principe qui en avait été formellement écarté, jusqu'à cette époque, le principe de la progressivité de l'impôt, le contribuable a cherché à éluder cette taxe successorale qui manque aujourd'hui de modération par suite du vote de différents budgets. La progressivité de l'impôt, innovation de cette loi de 1901, est même une menace constante pour l'épargne, car ce principe admis pour un impôt que l'on paie de temps en temps peut être adopté d'une façon générale. « Ce que l'on veut, disait en en 1901 M. Georges Cochery, c'est faire remorquer l'impôt progressif par la réforme des successions. »

« Votre but, ajoutait M. Prévet, c'est de pouvoir dire demain : l'impôt progressif est dans nos lois ! C'est une révolution fiscale que nous faisons en commençant par l'impôt sur les successions pour continuer par l'impôt ordinaire. » La déclaration des Droits de l'homme de 1793, n'admettait que la proportionnalité des perceptions fiscales (1). Elle avait repoussé le principe de la progressivité de l'impôt, ne voulant pas adopter cette idée de Robespierre, qui prétendait que c'était là un des droits du pauvre sur le riche, de l'Etat sur la fortune privée. Décrété en principe par la Convention Nationale, le 18 mars 1793, il ne fut jamais mis en pratique bien qu'il entrât dans le plan d'institutions propres à déplacer, à révolutionner la propriété par des moyens indirects. Ce n'est donc qu'en 1901 que la progressivité de l'impôt fut adoptée et appliquée pour la première fois en France, et comme il pouvait le conjecturer, le contribuable voit depuis, à chaque discussion du budget, les droits successoraux augmenter dans d'énormes proportions. La progressivité admise dans les lois n'a comme limite que la spoliation complète et peu à peu, la fiscalité moderne semble y arriver. A chaque insuffisance budgétaire, le législateur ne songe toujours qu'aux héritages pour combler le déficit et le capitaliste effrayé de cette poursuite sans trêve, se demande à bon droit jusqu'où iront ces exigences fiscales et si la suppression de l'héritage n'est pas proche.

Avant 1901, le maximum des droits perçus sur une succession était de 11,25 pour 100 pour les non-parents. Il est vrai qu'à cette époque le passif n'était pas déduit de l'actif successoral. L'héritier devait donc payer l'impôt même sur les dettes. La loi du 25 février 1901 admet la défalcation des charges, mais encore sous certaines conditions et elle élève le taux maximum à 18 pour 100, toujours entre non-parents; puis la loi du 30 mars 1902, portant fixation du budget général des dépenses et des recettes de l'exercice 1902, augmenta encore les droits successoraux pour les parts supérieures à 1 million, et on atteignit le chiffre maximum de 20,50 p. 100.

---

(1) TROPLONG. *Revue de législation et de jurisprudence*, 1848, II, p. 221. Articles additionnels et projet de *Déclaration des droits de l'Homme et du Citoyen*. — Discours de Robespierre, du 24 avril 1793. Discours et rapports de Robespierre. Paris, Fasquelle, 1908, p. 245.

La loi de finances du 31 mars 1903 oblige les héritiers à indiquer l'assureur d'un mobilier et le montant de l'assurance
pour la fixation de la valeur des meubles meublants, et prend
certaines dispositions contre les dépositaires de valeurs en
compte joint; la loi de finances pour l'exercice général de
1904. adopte différentes clauses contre les assurances-vie.
La loi du budget de 1910 porte le maximum des droits successoraux à 29 pour 100; les parents au delà du quatrième
degré, c'est-à-dire des cousins germains, sont assimiliés aux
étrangers pour la fixation du taux de l'impôt. Le budget de
1911 prévoyait d'abord une augmentation d'impôts de 50
pour 100 dans le cas d'un seul héritier en ligne directe, et
de 20 pour 100 lorsque deux héritiers, toujours en ligne directe, se verraient attribuer une succession. Une dernière ré-
vision de ces droits avait augmenté la progression en ligne
directe jusqu'au taux fantastique de 12,40 pour 100, et de
34 pour 100 au delà du quatrième degré. Le taux maximum
de l'impôt en ligne directe, par suite de cette disposition
insérée dans la loi de finances de 1911, devait être de
12,40 pour 100. Le Sénat, heureusement, rejeta cette nouvelle progression, mais on peut dire que la part actuelle de
l'Etat est quand même manisfestement exagérée et que, man-
quant de modération, l'impôt successoral mérite le nom
d'exaction. Après avoir fortement ébréché l'héritage dévolu
aux étrangers, la fiscalité moderne attaque ouvertement la
succession en ligne directe. Le parlement n'a pas l'intention de se contenter de ces tarifs exorbitants, on propose
de les augmenter encore pour faire face intégralement aux
charges résultant de nouvelles lois sociales votées, de façon à
dispenser les principaux intéressés de toute obligation pécu-
niaire.

Le taux de l'impôt sort déjà des limites d'une juste mesure
et la loi l'augmente encore par une estimation forcée et exagérée de certains biens héréditaires. L'impôt frappe, en effet,
tout l'actif d'une succession : actions, obligations, parts de
fondateurs, fonds de commerce, immeubles urbains et ru-
raux, meubles meublants, créances, rien n'échappe au fisc.
Les meubles meublants sont évalués au tiers de la somme
portée sur la police d'assurance, les immeubles sont estimés

par la loi et capitalisés au taux de 5 pour 100 et les terres au taux de 4 pour 100. Le fisc prend donc l'état locatif d'une maison pour en établir la valeur, peu importe si son évaluation est excessive, l'héritier doit l'impôt successoral sur la valeur donnée par le fisc, en vertu de cette capitalisation légale.

Par suite du vote des dernières lois de finances, le montant de l'impôt est particulièrement lourd et abusif, et il est encore aggravé par cette évaluation automatique de l'actif successoral, qui, souvent, n'est nullement en rapport avec la valeur vénale du bien estimé. La progressivité de cet impôt et son taux justifieraient la crainte de l'épargne en l'avenir de notre fiscalité. C'est un fait acquis, les lois sont appliquées et l'Etat, dans toute succession, est déjà le principal héritier privilégié, puisque sa créance doit être réglée dans les six mois. Mais le contribuable français est autrement menacé dans son avoir et de son vivant, par un projet encore en suspens devant les Chambres.

Que sera l'impôt sur le revenu ? Après avoir été voté avec toutes les rigueurs inquisitoriales et vexatoires par la Chambre des députés, les dernières élections générales ayant démontré que le Français de notre époque n'était pas plus disposé que le Français d'avant la Révolution, à étaler au grand jour son bas de laine et à divulguer ses secrets pour permettre une perception facile de tous impôts sur les revenus, aides, taille, ou gabelles, la Commission du Sénat renonce actuellement à imposer les bénéfices agricoles et à obliger les commerçants et industriels à communiquer tous leurs livres de commerce. L'impôt sur le revenu doit remplacer le produit des contributions directes et taxes assimilées, dont le montant en principal et centimes additionnels a été pour 1909 de 1 milliard 45.492.395 fr. 99 centimes. L'impôt complémentaire sera progressif et comme la matière imposable ne s'élève en France qu'à 7 milliards après la défalcation des petits salaires et revenus, M. Poincaré pouvait dire à la Chambre en 1906 « qu'il n'était pas possible de demander en une fois à l'impôt sur le revenu, les 690 millions — et plus de 1 milliard avec les centimes départementaux et communaux — que rapportent les contributions directes et la taxe

sur les valeurs mobilières. (1) » Si on admet un impôt nettement progressif on arrive « à des tarifs exorbitants et spoliateurs, qui seraient un défi au bon sens, une entrave à la
liberté, une pénalité absurde infligée à l'activité industriel-
le ». Peut-on croire qu'un Parlement qui a déjà voté une
progression successorale allant jusqu'à 29 pour 100 sera
moins exigeant pour l'impôt sur le revenu, lequel devra être
d'un rapport égal aux contributions qu'il remplace ? Le contribuable habitué depuis la Révolution aux impôts réels, et
qui les paye plus aisément par suite de leurs divisions et
de leur multiplicité, supportera-t-il une taxe unique de rem-
placement, un impôt forcément élevé sur le revenu, et qui
aura un caractère nettement personnel ?

Ce sont ces deux impôts, l'un qui existe déjà, l'autre dont
la menace est réelle, qui sont la cause de l'exode actuel des
capitaux français à l'étranger. Le contribuable a répondu à
l'insatiabilité budgétaire par la fraude, et on peut dire que
malgré les dispositions nouvelles votées, et celles qui restent à voter, il aura toujours l'avantage sur ce terrain. L'é-
vasion fiscale a pris une importance énorme de nos jours,
elle est même singulièrement facilitée avec l'expansion du
titre au porteur.
Toutes les entreprises modernes qui nécessitent une cer-
taine agglomération de capitaux ont recours à la société
sous forme anonyme pour avoir une existence légale, et le
titre au porteur qui permet aux bourses les plus humbles de
participer aux affaires même de grande importance, facilite
par conséquent, la diffusion de la propriété. Les économies
de la Caisse d'épargne se transforment en une action ou obligation du chemin de fer, qui traverse la région où l'on habite,
puis peu à peu, ce capitaliste naissant, à mesure qu'il gran-
dit, se lance dans des opérations de plus vaste envergure.
Le titre au porteur, d'un achat aisé, favorise l'épargne puisqu'il permet de faire fructifier les économies en les faisant

(1) Discours de M. Poincaré, ministre des Finances, du 12 juillet 1906,
Ch. des députés, J. Off., p. 2.320.1.

participer à l'essort commercial et industriel. Mais sa forme même d'anonyme rend le titre au porteur essentiellement « impalpable », au point de vue fiscal; il peut passer d'un portefeuille à un autre, il peut voyager sans laisser de traces. Le paysan de la Révolution enfouissait son trésor dans la terre, imitant en cela le Romain de l'époque de la décadence. L'un et l'autre cherchaient à éviter la rapacité du pouvoir et nul autre moyen n'était à leur portée. Aujourd'hui l'évasion fiscale, possible pour tous, met en lieu sûr le titre qui continuera à rapporter intérêt à son propriétaire.

L'évasion fiscale n'est pas un fait nouveau. A toute époque où le fisc s'est montré trop exigeant, le contribuable a su éviter la spoliation, et le capitaliste moderne n'a pas été en cela plus ingénieux que ses prédécesseurs. Lorsque tout moyen de fraude a fait défaut, le peuple a refusé de travailler pour les seuls besoins du pouvoir, et le fisc n'a jamais rien gagné à vouloir, pour lui, la part trop belle. L'exemple de la tourmente révolutionnaire devrait servir de leçon aux ambitions fiscales actuelles. Le peuple se voyant dépouillé par l'impôt, de tous les bénéfices agricoles, refusait de travailler la terre; les champs étant incultes, les produits alimentaires, par suite de leur rareté, atteignaient des prix extrêmes ; et, croyant enrayer cette hausse, les pouvoirs publics faisaient voter la loi du maximum. La possession de la terre était alors la principale richesse de la nation. L'évasion fiscale, cependant, n'en existait pas moins, puisque l'histoire nous apprend que le philanthrope Montyon prévoyant la Révolution française, avait placé sa fortune à l'étranger dès 1787. Le capitaliste du moyen âge connaissait, lui aussi, l'évasion fiscale ; de grandes banques de dépôt s'étaient fondées à Hambourg, à Venise, à Amsterdam, qui fournissaient des abris contre l'insécurité des temps (1). L'évasion fiscale est donc de toute époque, et les gouvernements ne doivent s'en prendre qu'à eux-mêmes si les capitaux effrayés passent la frontière pour se mettre en lieu sûr.

L'étranger a même su tirer un merveilleux profit de cet exode des capitaux. Les banques se sont organisées pour recevoir cette invasion de titres. Elles offrent à leurs nou-

(1) *Economiste Français*, 23 juin 1906.

veaux clients toutes les facilités désirables, dépôts simples ou avec procuration, comptes joints, etc. Aujourd'hui, un de ces Etats qui a particulièrement bien reçu les fonds de l'épargne française, a tout lieu de se réjouir de sa sollicitude. On a vu, en effet, le change lui être favorable, et il y a quelque temps, des démarches à propos de la conclusion d'un emprunt, ont pu lui donner l'illusion qu'il était devenu une puissance financière. Que ne ferait donc cet Etat pour protéger sa prospérité personnelle, conséquence de cet accueil sympathique pour des capitaux qui viennent augmenter la richesse publique, sans qu'il en coûte rien à la nation ! Peut-on penser qu'il souscrira à certains projets et qu'il ratifiera certaines ententes internationales qui ont pour but la divulgation, entre nations intéressées, des opérations de banque faites par les nationaux d'une des parties contractantes ? C'est singulièrement se tromper que de croire que l'intérêt ne primera pas toute autre considération et que bénévolement ces Etats répudieront une telle source de profits pour leurs nationaux.

*
* *

Jusqu'à présent, un seul de ces traités a été signé avec l'Angleterre le 15 novembre 1907. Il a pour but « d'empêcher autant que possible la fraude dans les cas de droits de succession ». Le gouvernement anglais s'engage à fournir au nôtre, les noms, prénoms, domicile, date et lieu de naissance du « de cujus » domicilié en France, les renseignements touchant ses successeurs et la consistance de l'hérédité en valeurs mobilières. Ce traité est surtout avantageux pour l'Angleterre, qui obtiendra de l'administration française tous les renseignements concernant ses nationaux. L'Angleterre, en effet, a une politique fiscale aussi exagérée que la nôtre sur bien des points, et ce service de communication lui sera essentiellement profitable. De plus, le premier venu peut, en Angleterre, se rendre au siège de l'Administration de l'Enregistrement et prendre connaissance de tous testaments, comme des déclarations de successions ; l'ambassade ou le consulat de France pouvaient déjà se procurer eux-mêmes ces renseignements. Un traité dans ces conditions ne peut avoir d'autre but, pour nous, que de créer un précédent et surtout d'effrayer le capitaliste disposé à envoyer ses fonds à l'étranger.

A l'époque de l'entente anglaise, le fisc français exhuma une Convention avec la Belgique, du 12 août 1843. « Il y aura, dit cette Convention, entre les receveurs de l'Enregistrement et des Domaines, échange de tous les documents et renseignements pouvant aider à la perception complète et régulière des droits établis par les lois qui régissent les deux pays, ou se rattachant à des intérêts domaniaux leur afférant réciproquement. » L'article 3 ajoute : « Seront transmis les extraits du sommier de la contribution foncière renfermant l'indication de la nature, consistance, valeur en capital ou revenu cadastral des propriétés ». Le fisc français prétendit tirer de cette Convention les mêmes avantages, au point de vue des valeurs mobilières et en cas de succession, que de l'entente anglaise. Mais cet arrangement avec la Belgique concerne essentiellement les valeurs immobilières, aussi le ministre des Finances belge, pour rassurer les déposants français, se fit interpeller à la Chambre des députés, le 26 juillet 1907, et déclara que « le gouvernement belge ne saurait être obligé de s'engager par une convention avec un autre gouvernement, à procurer à celui-ci des renseignements ou des éléments de preuve qu'il n'est pas en situation de se procurer par lui-même ». Le gouvernement belge n'a pas encore le droit d'inquisition dans les banques, il ne peut donc connaître les opérations qu'elles font, les noms des déposants et le montant des dépôts. Cette immunité existe tant qu'un acte passé entre les héritiers n'a pas été soumis à la formalité de l'enregistrement. Dans ce cas l'administration belge procurera à l'administration française tous les renseignements qui lui seront parvenus.

Les autres nations sollicitées ont refusé d'entrer dans cette combinaison. L'Angleterre et la France sont donc actuellement les deux seules puissances s'étant promis un droit complet de communication, et la Belgique n'est liée à la France que pour les renseignements parvenant à son administration, par suite de l'enregistrement d'un acte.

Jusqu'à présent, les ententes internationales n'ont pu fournir à l'administration les éléments nécessaires pour réfréner l'évasion fiscale. Les capitaux n'iront plus en Angleterre, et si demain une autre nation prenait un tel engagement, notre épargne trouverait ailleurs un asile inviolable. Ce projet d'entente internationale, ne peut avoir un résultat que si tous les Etats sont unanimes à le signer et à le respecter ; autrement, ce serait créer une situation particulièrement privilégiée pour la nation qui se refuserait à dénoncer les dépôts étrangers faits dans ses banques.

On a parlé d'avantages douaniers pour amener certaines nations à entrer dans la combinaison, mais ce sont là des concessions singulièrement dangereuses et irréalisables. La barrière douanière a pour but non seulement de procurer des ressources au Trésor, mais également de protéger l'industrie nationale, qui ne pourrait souvent pas lutter sur le marché intérieur pour certains produits, contre la concurrence étrangère. Par suite de la clause de la nation la plus favorisée, introduite dans la généralité des conventions douanières, tout Etat a le droit de réclamer pour ses produits les tarifs les plus réduits faits à un pays. Avant de signer une convention de communication, une nation demanderait certainement des concessions douanières très avantageuses, pour avoir un réel intérêt à renoncer aux profits dûs à la protection qu'elle peut accorder aux capitaux émigrés. Ce serait donc, pour la France, adopter une politique de libre-échange, de suppression douanière, qui serait la ruine de bon nombre d'industries. Pour récupérer quelques millions sur les droits successoraux, on renoncerait ainsi aux merveilleuses ressources budgétaires des tarifs douaniers protecteurs.

*
* *

A tous les points de vue, les ententes internationales ne sont pas près d'aboutir, surtout si l'on considère avec quelle bienveillance certains Etats attirent chez eux ces capitaux dont ils ont grand besoin pour développer et exploiter les richesses naturelles de leur sol. Une nation avait de magnifiques chutes d'eaux, mais il lui manquait les ressources nécessaires pour les mettre en valeur. Les menaces fiscales en

France, lui ont fourni les fonds pour utiliser sa houille blanche. Notre épargne est de plus en plus sollicitée pour des placements à l'étranger ; ce sont les capitaux français qui permettent l'éveil économique de certaines nations ; nos affaires nationales, par contre, sont trop délaissées et il est regrettable, surtout pour le monde du travail,qu'une partie de nos ressources financières ne soient pas employées chaque année au perfectionnement de notre outillage économique. Le fisc français devrait comprendre qu'actuellement, il est le principal collaborateur de la prospérité de certains Etats.Le succès des émissions étrangères à la Bourse de Paris,comme les dépôts à l'étranger, ont pour cause notre politique fiscale, dont les menaces sont habilement exploitées par nos concurrents.

Certains pays trop heureux de profiter de cette aubaine, offrent aux capitalistes étrangers des immunités fiscales absolues. On peut voir, du reste, dans certaines réclames de banquiers, des annonces ainsi conçues : « Les valeurs déposées par des étrangers habitant hors du pays du dépôt, ne sont soumises à aucun impôt (1). » Les lois successorales de ces Etats spécifient la dispense de l'impôt sur les valeurs mobilières appartenant à des étrangers. « Pour les successions ouvertes hors du canton, *le droit n'est dû* que sur les immeubles situés dans le canton et les meubles qui en dépendent, sur tous autres meubles meublants existant dans le canton, y compris les collections et objets d'art de toute nature. » Certains de ces Etats n'ont même aucun droit successoral en ligne directe ou entre époux, pour leurs nationaux.

Des Etats étrangers offrent donc de sérieuses garanties aux déposants français. Ils vont même jusqu'à insérer, dans leurs lois successorales, des clauses spéciales pour dissiper tout doute à cet égard. En outre, ces Etats n'ont aucun droit d'investigation dans les banques, et leurs Parlements, plus soucieux de liberté, ont respecté l'inviolabilité du domicile et le secret des affaires commerciales en refusant au fisc toute immixtion, tout pouvoir d'enquête chez le particuliers. Mais,

(1) Annonces de la *Revue des Deux Mondes,* du 15 avril **1912**, p. 6. Banque cantonâle de **Berne**.

dans ces conditions, un traité n'est plus suffisant pour permettre aux Etats ayant signé une Convention internationale de communication, de remplir leurs engagements. Forcément, les pouvoirs législatifs de ces différentes nations devraient être appelés à donner au fisc les moyens d'information qui lui manquent dans certains pays, et la possibilité d'enquérir dans les banques. N'est-ce pas beaucoup de prétention de la part d'un gouvernement que de vouloir, dans ces conditions, dicter sa volonté aux Parlements du monde entier ?

*
* *

Les accords entre puissances, pour empêcher les évasions fiscales qui se produisent sur les titres mobiliers, sont donc irréalisables ; aussi, l'administration qui s'en rend compte, s'adresse-t-elle tout simplement aux pouvoirs publics pour compléter et augmenter les droits qu'elle possède déjà. Le fisc a aujourd'hui des moyens très légaux pour arriver à découvrir la matière imposable en France, et le Parlement ne sait rien lui refuser quand il réclame l'élargissement de ses pouvoirs et de nouveaux droits. Aussi nous voyons l'administration de l'Enregistrement autorisée, par notre arsenal de lois fiscales, à s'immiscer dans nos affaires les plus personnelles, toujours sous prétexte de rechercher si un impôt quelconque ne pourrait être dû.

L'administration de l'Enregistrement tient le principal de ses pouvoirs de la loi du 22 frimaire, an VII. La disette du Trésor avait rendu ingénieux le législateur d'alors. Cette loi qui a déjà plus d'un siècle, admirablement conçue et formulée, est un modèle de l'esprit fiscal. Elle établit les différents droits nouveaux qui seront perçus au profit du Trésor et prend les précautions nécessaires pour leur perception complète. Les différents intermédiaires chargés de rédiger les actes soumis à ce nouvel impôt, sont étroitement surveillés ; c'est cette loi qui contraint les notaires, huissiers, greffiers et les secrétaires des administrations centrales à tenir des répertoires où ils doivent inscrire, jour par jour, les actes de leur exercice, et à les communiquer à toute réquisition aux préposés de l'enregistrement qui se présenteront chez eux pour les vérifier. Les dépositaires des registres de l'état-civil sont tenus également aux mêmes obligations et doivent laisser prendre les renseignements, extraits, et copies qui seront nécessaires pour les intérêts de la République. Les testaments et autres actes de libéralité à cause de mort sont, toutefois, exceptés de ces dispositions, du vivant des testateurs. Le contraire eût été par trop extrême. La loi prévoit même que le fisc aura quatre heures par jour pour faire ses recherches au domicile des intéressés, et que ces communications ne peuvent être exigées les jours de repos.

Cette loi met, par conséquent, l'administration de l'Enregistrement entièrement au courant des principaux actes de notre vie. Elle connaît parfaitement notre état civil, le montant de nos impositions, tous les contrats que nous pouvons passer chez un officier ministériel, les jugements où nous sommes parties. Par suite de la loi de frimaire, an VII, et avant l'expansion prise par le titre au porteur dans la composition des fortunes privées, cette administration pouvait évaluer notre exacte « valeur fiscale ». Cette loi était suffisante pour connaître la totalité des biens d'un particulier. Mais le titre au porteur prenant de plus en plus d'importance dans la vie économique des peuples, il fut d'abord frappé d'un impôt spécial de timbre, dont le montant est aujourd'hui de 2 pour 100, et le législateur accorda naturellement tous pouvoirs à l'administration pour rechercher si ces nouveaux droits sont acquittés. Il fallut élargir les droits d'inquisition du fisc et développer ses moyens de contrôle.

« Les sociétés, compagnies d'assurances, assureurs contre l'incendie ou la vie, et tous autres assujettis aux vérifications de l'administration, sont tenus de communiquer aux agents de l'administration de l'Enregistrement, tant au siège social que dans les succursales et agences, les polices et autres documents énumérés dans l'article 22 de la loi du 23 août 1871, afin que ces agents s'assurent de l'exécution des lois sur l'enregistrement et le timbre. » Tels sont les termes de la loi du 21 juin 1875, article 7. C'est donc la possibilité absolue d'investigation accordée à l'administration, toujours sous prétexte de rechercher si un droit de timbre ou d'enregistrement est dû: à cet effet, les sociétés doivent produire leurs titres, registres, livres, comptabilité. Toutes les sociétés anonymes sont sujettes à ce droit d'exercice, et les délibérations, même secrètes, de leur conseil d'administration, doivent être soumises aux préposés du fisc, lorsque, d'après les statuts, elles peuvent toucher à la comptabilité; la correspondance doit aussi être présentée. Un juriste émettait le vœu qu'il serait à désirer que le fisc fût arrêté dans sa marche toujours envahissante et que, tout en lui donnant les pouvoirs nécessaires et légaux pour assurer le recouvrement des impôts, les secrets des sociétés comme ceux des particuliers soient protégés contre des procédés inquisitoriaux, qui répugnent à nos mœurs. Chaque nouvelle loi de finances augmente en effet, les droits abusifs de l'administration, et bientôt l'impôt sur le revenu finira par lui donner « entrée libre » même chez les particuliers.

Les nouvelles dispositions législatives à propos des droits successoraux attribuent même un rôle actif aux sociétés ou compagnies, agents de change, changeurs, banquiers, escompteurs, officiers publics ou ministériels, ou agents d'affaires, qui seraient dépositaires, détenteurs ou débiteurs de titres, sommes ou valeurs dépendant d'une succession qu'ils sauraient ouverte. Ils doivent adresser, soit avant le paiement, la remise ou le transfert, soit dans la quinzaine qui suivra ces opérations, au directeur de l'Enregistrement du département de leur résidence, la liste de ces titres, sommes ou valeurs. (Loi du 15 février 1901, art. 15.) Le banquier privé, qui échappe encore au contrôle de l'administration, et qui ne lui doit seulement, en vertu de la loi du 28 avril 1893, que la communication du répertoire où sont consignées les opérations de bourse qu'il peut faire, est, lui aussi, soumis à cette obligation. Mieux encore, dans les trois mois qui suivent l'ouverture d'un compte joint, l'établissement de crédit doit prévenir le fisc. Dans ce cas, on n'attend même pas le décès de l'un des intéressés. La loi oblige, par conséquent, de simples particuliers à faciliter la perception de l'impôt en découvrant au fisc la matière imposable. Les préposés de l'administration sont secondés par des dénonciateurs forcés, et le contribuable voit ainsi le fisc obtenir peu à peu les pouvoirs les plus exorbitants pour la recherche de la fraude.

* *
*

Mais le législateur ne peut légiférer que dans l'étendue de sa juridiction et si toutes les dispositions sont prises pour atteindre la matière imposable, en France, le contribuable avisé a su mettre la frontière entre le fisc trop avide et sa fortune. Devant l'impossibilité absolue de faire aboutir une Convention internationale entre les ministres des Finances de toutes les nations, l'administration a cherché une solution pour atteindre les dépôts à l'étranger, et les empêcher d'éviter l'impôt. Ses recherches ont abouti à un projet qui a été déposé par M. Charles Dumont, le 25 octobre 1910.

Le but de ce projet est de prévenir et de réprimer les fraudes en matière de droits d'Enregistrement et surtout de réfréner l'évasion fiscale, qui a pris tant d'ampleur depuis les tarifs aggravés des droits successoraux des dernières lois de finances. Le rapporteur espère-t-il ramener les capitaux émigrés au bercail, en essayant de démontrer aux contribuables l'inutilité des dépôts à l'étranger ? Cependant, quand on voit certaines dispositions de ce projet, les plus révolutionnaires qui aient jamais été présentées à un Parlement, on a l'impression que les auteurs eux-mêmes se rendent compte de l'impossibilité d'enrayer ce mouvement, de dompter, de saisir enfin cet « impalpable » qu'est le titre au porteur.

Avant 1901, l'administration de l'Enregistrement avait un droit d'inquisition chez divers assujettis pour vérifier l'acquittement des droits de timbre et d'enregistrement, la loi de finances de 1901 oblige les dépositaires de fonds appartenant à des clients, à être les auxiliaires du fisc en cas de décès ou d'ouverture de compte joint, et les auteurs de ce projet font aujourd'hui un appel plus large au concours des particuliers. Ces lois ou projets autorisent, non seulement la mainmise de l'Etat sur la fortune privée, mais elles transforment les contribuables en agents fiscaux, les uns obligatoirement, sous peine de sanctions graves, les autres volontairement, mais alors intéressés.

Ce projet contient d'abord différentes dispositions contre les dissimulations du prix véritable auquel sont consenties des ventes d'immeubles et de fonds de commerce, des cessions d'offices, et contre la non-déclaration des valeurs au porteur retirées des coffres loués dans des banques. Aucun coffre-fort tenu en location ne pourra être ouvert après le décès du locataire, de son conjoint, ou de l'un des co-locataires, qu'en présence du juge de paix, ou, si les parties le requièrent, d'un notaire, qui dressera un inventaire complet de tous les titres, sommes, valeurs et objets quelconques qui y seront contenus. L'Italie a déjà une semblable disposition insérée dans ses lois. Le résultat est que les coffres-forts sont, en général, vides quand on les ouvre.

Mais le but essentiel de ce projet est de régler « la difficile matière des fraudes commises au moyen de dépôts effectués dans des banques et établissements étrangers ».

Difficile en effet, quand on voit que le législateur moderne ne craint pas de révolutionner l'état actuel de nos lois civiles et héréditaires pour atteindre son but ; il n'espère pas aboutir par un moyen direct, mais il a recours, pour connaître la consistance de l'hérédité, à la délation dans la famille, et c'est la sanction de tout le système énoncé dans ce projet. Nul législateur n'avait osé émettre l'idée d'appeler, comme prix de la forfaiture, un neveu ou un petit neveu à la succession d'un père revenant à un fils ; si ce projet est adopté, ce sera la déchéance du Code civil dans l'intérêt d'une fiscalité outrancière, l'héritier légitime verra tous ses droits compromis ; l'héritage ne sera pas supprimé puisqu'un héritier deuxième ou troisième appelé pourra le revendiquer pour permettre à l'Etat de percevoir des droits sur des titres déposés à l'étranger, mais ce qu'il y a de pire, ce sera l'avilissement de la famille, chaque décès devant rallumer les querelles intestines et exciter les haines et les convoitises. La confiscation au profit de la République comme à l'époque de l'an II, où les émigrés se virent dépouillés de leurs biens, eût été certainement moins immorale que de susciter cette délation dans la famille et de la stimuler par l'appât du gain.

Le rapport constate que le seul moyen efficace contre la fraude sucessorale serait la suppression du titre au porteur. Malheureusement pour notre fiscalité, l'état actuel des relalions financières internationales ne le permet pas, comme nos mœurs ne pourraient tolérer que le représentant du fisc s'installe au domicile d'un moribond dès le moment où il cesse de surveiller effectivement ses biens, pour faire l'inventaire de ce qu'il peut posséder. Ce rapport préconise la création d'un casier fiscal au nom de tous les notables du canton, le receveur de l'Enregistrement serait le fonctionnaire chargé de tenir au courant et de mettre à jour cette comptabilité même au moyen de renseignements de tout ordre, et un contribuable deviendra notable, par conséquent aura sa fiche dès qu'il sera supposé posséder plus de 20.000 francs en capital.

La partie essentielle de ce projet est certainement celle qui a trait aux valeurs mobilières en dépôt à l'étranger ; le fisc espère-t-on, pourra enfin trouver cet impalpable, cette matière imposable fugitive et la plus difficile à connaître. Mais comme le dit le rapport, il a été nécessaire de restreindre la vocation héréditaire de l'héritier; par conséquent, de toucher non seulement aux règles du « statut réel » applicable à l'héritier, mais plus profondément aux lois qui constituent son « statut personnel ».

Les valeurs mobilières déposées à l'étranger seront à l'état d'hérédité vacante, tant qu'un envoi spécial en possession n'aura pas été obtenu par l'héritier qualifié pour le demander. Cet héritier sera d'abord l'héritier légitime, qui, actuellement, est saisi de plein droit des biens, droits et actions du défunt. Le vieil adage : le mort saisit le vif, aura cessé d'être vrai pour les dépôts à l'étranger, puisqu'il sera nécessaire pour faire cesser la vacance de l'hérédité, d'obtenir un envoi spécial contenant les noms des titres et leurs numéros, par conséquent obligation par l'héritier remplissant cette condition de les faire connaître.

Cette formalité pourra n'être pas remplie. Quelle en sera la sanction ? Quel moyen de coercition le fisc français peut-il avoir contre des établissements de crédit à l'étranger, pour les empêcher de se libérer entièrement et valablement entre les mains d'héritiers légitimes qui prouveraient leur qualité ?

Ce projet substitue un autre héritier plus éloigné à l'héritier légitime. C'est là toute la solution tant désirée. La suc-

cession étant vacante, un héritier en second est appelé au
détriment de l'héritier en premier, qui n'aurait pas satisfait
aux conditions de la loi. Le rapport se défend d'avoir voulu
organiser une compétition entre successibles, d'accorder à
l'héritier appelé en second le prix de sa trahison des secrets
de famille ou la récompense de la curiosité qui a conduit le
même héritier à découvrir les secrets des héritiers du premier degré. « Il dépend, d'ailleurs, de l'héritier premier appelé, dit le rapport, d'épargner à l'honneur de sa famille,
la honte de compter parmi ses membres, un sien cousin animé
de sentiments sans noblesse. Il n'a qu'à payer les droits. *Pré-
server ses proches de toute tentation de cupidité vaut bien
qu'on respecte une loi fiscale.* »

Ce n'est pas la loi qui récompense l'immoralité ou suscite
les sentiments sans noblesse, le seul coupable en l'occur-
rence, serait l'héritier légitime qui permettrait à un héritier
en second de revendiquer l'héritage en ne remplissant pas
lui-même toutes les obligations d'une loi fiscale spoliatrice.
Les auteurs du projet ont vraiment peu d'intérêt pour ce dé-
posant de valeurs à l'étranger, qui désire simplement éviter
une décapitation de son avoir souvent laborieusement acquis. Il est même comparé dans ce rapport, bien que la
dissemblance soit évidente, au contrebandier, qui lui, spécule
sur une différence de prix d'une marchandise dont le seul
enchérissement est dû à un droit de douane et qui cause souvent un réel préjudice au commerce honnête.

Cette substitution légale d'un héritier à un autre dans le
cas où le premier ne remplirait pas des obligations fiscales,
est la principale innovation de ce projet et sa sanction, mais
cette attribution de l'héritage d'un père à un neveu ou à un
petit-cousin au lieu et place du fils, est une véritable révolution dans l'ordre actuel et naturel de la dévolution des biens.
Sans cette clause, ce projet était caduque, mais par suite des
dispositions extrêmes, qui y sont contenues, il est à craindre, pour ses auteurs, qu'il n'ait aucune efficacité en droit
international.

Pour obliger les banques étrangères à ne pas se déssaisir
des titres en dépôt sans exiger l'accomplissement des forma-
lités édictées, ce projet leur fait courir le risque de se trou-

ver en face de deux réclamants, l'héritier naturel, et l'héritier en second qui aura rempli les conditions nouvellement exigées. De là conflit, qui devra être solutionné par les tribunaux locaux, et le fisc français espère que ces tribunaux étrangers trancheront la question dans son sens, selon l'usage adopté d'appliquer le statut personnel des déposants aux valeurs en dépôts à l'étranger et qui dépendent de leur succession.

Le statut personnel règle la capacité des personnes pour contracter, cette capacité suit le Français en pays étranger. Presque toutes les nations continentales reconnaissent qu'en matière de succession mobilière, les étrangers restent soumis, même hors de leur territoire, à l'application de leur statut personnel et les auteurs de ce projet ont pensé que rien n'était plus simple, pour obliger les tribunaux étrangers à seconder le fisc français, que de changer l'ordre naturel de la dévolution des biens. L'héritier légitime aura deux ans pour réclamer l'envoi en possession ; passé ce délai l'héritier en second pourra intervenir.

Malheureusement pour cette thèse, toutes les nations estiment qu'il y a une limite à l'application du statut personnel, de la loi étrangère sur leur sol, qui a pour points extrêmes l'ordre public et les bonnes mœurs, et elles rejettent toutes dispositions qui y seraient contraires. La personnalité des lois héréditaires subit donc un échec lorsqu'elle se heurte à un principe d'ordre public; en France, et plusieurs fois déjà, les tribunaux ont refusé d'appliquer, dans ces conditions, la loi étrangère, entre autres pour un Russe frappé d'incapacité de succéder dans son pays, par suite de son affiliation à un ordre monastique. Il fut jugé que ce n'était pas pour lui une clause d'exclusion en France; la loi française va même plus loin dans cette exception sur la personnalité des lois héréditaires, quand elle permet à un Français, exclu d'une succession étrangère, de prélever l'équivalent sur les biens de France, afin de maintenir les règles de dévolution et les principes posés dans notre législation (1).

_____

(1) BAUDRY-LACANTINERIE et WAHL, *Droit civil: Des successions*, 1895, t. I, n° 1094. — Art. 2. Loi du 14-17 juillet 1819. — Dalloz, répertoire de législation, v° succession, n°ˢ 35, 64, supplément, n° 5, § 3, 60 et s.

Après des restrictions aussi nettes et aussi précises en France même, il n'y a aucun doute à avoir sur l'accueil qui sera réservé aux nouvelles dispositions contenues dans ce projet, par les tribunaux étrangers. Certains Etats qui ont un intérêt évident à ménager les capitaux émigrés, se garderont bien de sanctionner des clauses aussi contraires à l'ordre public. Les tribunaux de différentes nations ne se sont-ils pas prononcés dernièrement, dans une affaire qui a fait assez de bruit, contre la thèse du représentant d'un liquidateur ? Et il ne s'agissait pas de tranquilliser des déposants français, mais seulement d'appliquer une loi votée par notre Parlement. La liquidation d'une congrégation avait vendu la marque commerciale et la signature d'un produit appartenant à des congréganistes. Ceux-ci établis à l'étranger changèrent la forme de leur marque et poursuivirent ou furent poursuivis par le liquidateur. Tous les tribunaux appelés à se prononcer dans cette affaire, décidèrent que cette loi française sur les biens des congrégations était une loi d'exception contraire à l'ordre public, et qui ne pouvait être sanctionnée à l'étranger.

Ce projet du 25 octobre 1910 est la dernière émanation de l'initiative parlementaire pour enrayer l'évasion fiscale ; nous venons de voir que son vote sera totalement inutile et que les tribunaux étrangers refuseront d'appliquer des principes aussi contraires à l'ordre public.

* *

Est-il possible de réfréner l'évasion fiscale, d'atteindre ces capitaux émigrés ? De telles dispositions insérées dans un projet de loi déposé devant un Parlement, sont plutôt un aveu de l'impuissance législative à poursuivre cet « impalpable », le titre au porteur, au delà des frontières. Sûre de l'impunité à l'étranger, l'évasion fiscale, qui, on peut le dire, ne fait que commencer, s'accentuera et prendra de plus vastes proportions avec les exigences croissantes de notre fisc. Afin de trouver quelques millions supplémentaires pour le budget de 1911, par suite de dépenses nouvelles, cuirassés. chemins de fer de l'Ouest-Etat, la Chambre avait voté la

création de nouveaux impôts, et encore augmenté la progression sur les successions dont le maximum devait atteindre
34 0/0. Cette aggravation de taxes successorales ne fut pas maintenue par le Sénat, mais dans ce même projet de budget pour
1911, ces droits avaient été plusieurs fois majorés à chaque
insuffisance de ressources. Le contribuable peut-il accepter
comme impôt légitime, cette poursuite sans relâche et incessante contre son épargne ?

Actuellement, les dernières lois de finances votées ne sont
pas encore connues de la masse; ignorant ces tarifs spoliateurs, des héritiers n'accusent-ils pas un très honorable officier ministériel de n'avoir pas suffisamment pris leur intérêt ? Avec le temps, le peuple finira par connaître les abus
de notre fiscalité ; l'impôt sur le revenu, s'il est voté, frappera
dès la première année de son application la majorité des
contribuables, et devant l'insatiabilité des besoins budgétaires, la fraude s'étendra, et l'évasion fiscale, seul moyen de
défense et de protection pour l'épargne, deviendra plus générale. « Toute évasion fiscale, écrivait M. Leroy-Beaulieu,
n'est pas une fraude ; il y a un acte de légitime défense quand
on se soustrait à un fait du prince, ce prince agissant arbitrairement fût-il un Parlement. » Ne pouvant rechercher
l'évasion fiscale et la réprimer, même par des moyens violents et révolutionnaires, le fisc comprendra son erreur avec
la diminution forcée et inévitable dans le rendement de taxes
exagérées. Le projet de loi, portant fixation du budget général de 1912, contient déjà un enseignement utile contre cette
fiscalité successorale. Il y est prévu une moins-value de recettes de 42 millions et demi sur les successions. « Nous aurons à examiner, lit-on, dans le rapport, à propos des prévisions de recettes de 1912, si les tarifs nouveaux ont véritablement occasionné une évasion des capitaux. » Et plus
loin, dans les prévisions de recettes, cet aveu est caractéristique. « Cette situation provient de l'exceptionnelle dépression
qui s'est produite notamment en matière de succession dans
les recouvrements de l'exercice 1910. » Par conséquent, le
contribuable qui a suffisamment montré jusqu'à ce jour qu'il
était tout disposé à payer des droits équitables, n'admet plus
l'exagération des taxes successorales votées en 1910 ; aussi

le budget de 1912 porte déjà des traces de la réalité de l'évasion fiscale.

Que fait le fisc après avoir constaté cette émigration des capitaux ? Une Commission, composée de magistrats à la Cour de Cassation et de hauts fonctionnaires de l'Enregistrement vient d'être nommée pour rechercher de nouveaux moyens dans le but de réprimer la fraude successorale. Le fisc marque par là-même son intention de persévérer actuellement dans cette voie de contrainte. Tout dernièrement, un Etat de l'Amérique du Nord a cependant donné l'exemple de la renonciation à une politique fiscale exagérée. Voulant mettre un terme à l'émigration des capitaux, les législateurs de New-York ont réduit la taxe successorale à un taux modéré qui n'offense plus la justice, et n'encourage plus la fraude. Le taux maximum entre non-parents était de 25 p. 100, et au mois de juillet 1911, il fut ramené à 8 p. 100. Différentes clauses font que cette loi favorisera plutôt l'importation des capitaux en protégeant et en exonérant d'impôts les dépôts de titres apartenant à des non-résidents (1).

En adoptant une fiscalité plus douce, l'Etat de New-York s'est rappelé ce vieil adage toujours d'actualité : Mieux vaut douceur que violence. Qu'à son exemple, notre législateur revienne à une politique fiscale modérée avec des impôts raisonnables, et le contribuable n'étant plus molesté et menacé dans ses économies, ne songera plus à déposer ses titres à l'étranger, car l'épargne française comprend trop les dangers qu'il y a, à ne pas faire figurer, dans une liquidation, une partie d'un actif successoral. Les affaires n'étant plus troublées par des menaces continuelles d'aggravation de charges, le capital national augmentera, les actions ou obligations des grandes entreprises retrouveront leurs plus hauts cours, et le fisc récupérera largement sur cette augmentation de capital et en frappant toute la matière imposable, ce qu'il pourra abandonner en diminuant ses tarifs exorbitants. Ce serait de la sagesse ; l'obtiendra-t-on ?

(1) *L'Economiste Français*, 23 septembre 1911, p. 453, M. Pierre Leroy-Beaulieu.

Typ. A. DAVY, 52, rue Madame, Paris.

Revue Politique et Parlementaire

Paris. — Imprimerie A. DAVY, 52, rue Madame. — *Téléphone.*